Sebastian Stranz

Gesundheitspraktiker

Weshalb Impfgegner weder Leugner noch Verweigerer sein müssen

Alle Angaben in diesem Buch wurden nach bestem Wissen erstellt. Die Angaben erfolgen ohne Verpflichtung oder Garantie des Autors. Die gegebenen Hinweise und Empfehlungen zur Selbsthilfe können den Arzt oder Heilpraktiker nicht ersetzen. Es empfiehlt sich deshalb immer, eine zusätzliche medizinische Diagnose vom Behandler einzuholen und sich von diesem therapeutisch begleiten zu lassen. Die Verantwortung für eine Selbstbehandlung übernimmt jeder selbst.

Impressum

alle Rechte beim Autor:
www.sebastian-stranz.de
Titelbild von:
https://pixabay.com/de | Pixabay License:
Freie kommerzielle Nutzung / Kein Bildnachweis nötig
Herstellung und Verlag:
BoD - Books on Demand, Norderstedt
1. Auflage 2022
ISBN 9783755711308

Inhalt

FSC
www.fsc.org
MIX
Papier aus ver-
antwortungsvollen
Quellen
Paper from
responsible sources
FSC® C105338

Einleitung

Impfbefürworter und Impfgegner stehen sich immer mehr als zwei unversöhnliche Lager gegenüber. Die Spaltung der Gesellschaft setzt sich immer mehr fort und nimmt immer bedenklichere Züge an. Der Riss geht mitten durch langjährige Freundschaften und durch die Familien. Es gibt Tische, an denen das Thema ausgeklammert wird. Und es gibt Tische, wo die Menschen noch fähig sind, andere Auffassungen auszuhalten, ohne dass der eine den anderen unbedingt auf seine Seite ziehen muss.

Eigentlich war das immer die Grundlage und die Stärke der westlichen pluralistischen Gesellschaften: Sie sind liberal. Sie bieten jedem einzelnen die Möglichkeit, seinen eigenen Lebensentwurf auszuleben. Es sind hauptsächlich die Impfbefürworter, die diese Grundlage immer mehr angreifen und aushebeln. Wer nicht dem eigenen Ansatz für die Gesunderhaltung – dem Impfen – folge, der sei ein Verweigerer und unsolidarisch. Der Gipfel dieser Auffassung ist die Debatte über die Impfpflicht.

Natürlich sind die Impfbefürworter keine Menschen, die eine Diktatur befürworten würden oder denen die Freiheiten einer pluralistischen Gesellschaft nicht wichtig sind. Sondern sie sagen, es gehe hier um den Schutz von Menschenleben, da seien außergewöhnliche Mittel erlaubt und geboten.

Wie wirksam oder wie gefährlich die Impfungen sind, sei hier nicht der zentrale Gegenstand dieser Betrachtungen. Dass Impfungen Gefahren bergen, ist unstrittig, dass eine

Genmanipulation Gefahren birgt, ebenso. Differenzen gibt es nur darüber, wie sind die Gefahren der Impfung abzuwägen gegenüber dem Nutzen. Normalerweise muss es hier dem Einzelnen überlassen bleiben, für sich eine Antwort zu finden.

Es ist aber durchaus verständlich, dass es Menschen gibt, die sagen, wenn es um Menschenleben gibt, dann muss Schluss sein mit den Skrupeln und Befindlichkeiten des Einzelnen, erst recht, wenn man das Gefühl bekommt, diese seien von gefährlichen Ideologien beeinflusst.

Diese Betrachtungen können auch keinesfalls für alle Impfgegner sprechen. Denn im Gegensatz zu der sich immer mehr verstärkenden Tendenz die Impfgegner in eine bestimmte Schublade zu stecken – „Rechte", „Aluhut-Träger", „Esoteriker", „Verschwörungstheoretiker", „Gewaltbereite"... – handelt es sich bei den Impfgegnern natürlich nicht um eine homogene Gruppe. Sie haben verschiedene Weltanschauungen und Motivationen, was ja auch in einer pluralistischen Gesellschaft in Ordnung sein sollte, solange Gewalt nicht als Mittel der politischen Auseinandersetzung betrachtet wird.

Für alle Impfgegner kann ich keinesfalls sprechen. Es geht mir hier um eine Behauptung der Politiker, die der Argumentation der Impfbefürworter zugrunde liegt,

- eine Behauptung, die maßgeblich zur Spaltung der Gesellschaft geführt hat,
- eine Behauptung, die lange vor Einführung der Impfstoffe unisono von den Politikern und den Medien in den Raum gestellt wurde,
- eine Behauptung die nirgends begründet wurde,
- eine Behauptung, die einfach falsch ist:

„Zu den Impfungen gibt es keine Alternative."

Als jemand, der sich seit über 40 Jahren mit einer Gesunden Lebensweise und mit dem Aufbau eines gesunden Immunsystems beschäftigt, drängt sich bei dieser Behauptung einem die Frage auf: Fehlt es den Politikern einfach an Bildung?

Dies wollen wir zugunsten der Ministerpräsidenten der Länder und der führenden Bundespolitiker, dies wollen wir zugunsten der Gesundheitsminister der Länder und des Bundes gerne annehmen. Aber es fällt schwer das zu glauben – stehen ihnen doch alle gewünschten Experten und Fachberater zur Verfügung.

Irgendwie hat wohl einer diese Behauptung vom anderen übernommen. Dabei ist es nicht nur erschreckend, wie lapidar diese Behauptung einfach in den Raum gestellt wird –

„Zu den Impfungen gibt es keine Alternative." –

ohne anzugeben, welche anderen Möglichkeiten geprüft wurden und aus welchen Gründen sie verworfen wurden. Noch erschreckender ist es für mich, dass von der Mehrheit der Bevölkerung diese Begründung gar nicht verlangt wird. Die meisten Menschen schlucken einfach diese Behauptung –

„Zu den Impfungen gibt es keine Alternative." –

und übernehmen sie. Es ist nicht erschreckend, dass es wohl auch in der Bevölkerung einen Mangel an Bildung gibt, welche einem bedeutende Alternativen zur Impfung aufzeigen könnte. Das Erschreckende ist, dass nicht gefragt wird, wie es zu dieser Behauptung kommt und welche Alternativen denn geprüft und aus welchem Grund verworfen wurden. Das Erschreckende ist die Nicht-Bereitschaft zum Denken und Fragenstellen. Diejenigen, die aber Fragen stellen, auch verdiente und bis dahin anerkannte Wissenschaftler, werden verleumdet und aus den öffentlichen Medien ausgegrenzt. Allein diese Vorgänge lassen einen skeptisch werden, ob es denn bei der Rührigkeit im Propagieren und Organisieren der Impfungen wirklich um die Gesundheit der Bevölkerung geht, oder ob nicht andere Interessen dahinterstehen.

Aber es soll hier nicht um Spekulationen zu möglichen Verschwörungen gehen. Das bringt uns nicht weiter. Halten wir einfach fest: Die Behauptung –

„Zu den Impfungen gibt es keine Alternative." –

wurde ohne jede Begründung und Erläuterung von den führenden Politikern völlig unisono aufgestellt und von der Mehrheit der Bevölkerung übernommen.

Machen wir uns klar:

- Natürlich kann nur dann ein Impfgegner ein unsolidarischer Verweigerer sein, wenn es zu den Impfungen keine Alternative gibt.

- Natürlich ist diese Behauptung daher der größte Keil, der in die Gesellschaft getrieben wird, und zwar nicht von den Leuten, die man als „Spalter" und „Hetzer" bezeichnet, sondern von den offiziellen Regierungsorganen.

- Natürlich kann eine Impfpflicht nur dann begründet sein, wenn diese Behauptung zutrifft.

Aber diese Behauptung ist einfach falsch.

Offenbar fehlt es hier an grundlegender Aufklärung.

Unser Wissenschaftsbegriff

Wie erschreckend es auch sein mag, dass der Großteil der Bevölkerung nicht nach Alternativen fragt – überraschend ist es nicht. Seit Jahrzehnten und Jahrhunderten sind wir darauf konditioniert, uns gerade im Bereich der Gesundheit den anerkannten „Experten" unterzuordnen und sie nicht infrage zu stellen. Bei Krankheiten und Beschwerden geben wir unseren Körper in die Hände der Ärzte und des modernen Medizinapparates wie unser Auto in eine Kfz.-Werkstatt. Der Fachmann soll es richten. Aber unser Körper ist mehr als ein Reagenzglas.

Ein Wissenschaftler, gerade im Bereich der Gesundheit, muss in unseren Augen ein Weißkittel mit Schutzbrille sein, der in einem Labor mit Reagenzgläsern hantiert. Alles andere wäre nicht seriös. Das ist ein äußerst eingeschränkter Wissenschaftsbegriff, erst recht wenn man sich verdeutlicht, dass die Biologie, die „Wissenschaft vom Leben" ist. „Leben" können wir in seiner Ganzheit nicht im Reagenzglas erfassen. Die Entwicklung des PCR-Tests durch den Virologen Christian Drosten – der über Krankheiten forscht und kaum jemals an einem Krankenbett gestanden hat – hat diesen Wissenschaftsbegriff noch auf die Spitze getrieben:

Der PCR-Test, der maßgeblich unsere Wahrnehmung der Pandemie beeinflusst, wurde aufgrund virtueller Sequenzen am Computer entwickelt. Sowohl der PCR-Test als auch der Antigen-Schnelltest können nicht zwischen SARS-CoV2 und einem Grippevirus unterscheiden.

In der derzeitigen Diskussion geschieht es oft, dass in Impfgegnern irrationale Anhänger von kruden Ideologien gesehen werden, dass ihnen abgesprochen wird, noch für vernünftige und „wissenschaftliche" Argumente erreichbar zu sein.

Anders gesagt: Andersdenkende werden als Nichtdenkende dargestellt. Das ist nicht nur beleidigend. Sondern hier bahnt sich eine gefährliche Entwicklung an. Nicht nur, weil das einen Austausch blockiert und bei Andersdenkenden Aggressionen schürt. Sondern die Grundlagen einer pluralistischen Gesellschaft werden infrage gestellt. Hier wird eine Grenze überschritten, was für mich den letzten Anstoß dafür gab, mich zu positionieren und diese alternativen Sichtweisen darzulegen. Wenn Andersdenkenden unterstellt wird, Nichtdenkende zu sein, dann offenbart sich nicht nur ein Mangel an Empathie und an Fantasie. Sondern auch ein Mangel an Bildung und an gutem Willen. Diese Defizite reichen bis in die höchsten Regierungsebenen. Vielleicht kann diese Broschüre einen kleinen Beitrag leisten für die dringend benötigte Aufklärung.

Eine ganzheitliche Auffassung von der „Biologie", von der „Wissenschaft vom Leben" bezieht unsere Lebensumstände mit ein. Unsere Lebensführung hat einen maßgeblichen Anteil an unserem Gesundheitszustand. Unsere Gesundheitsministerien kümmern sich aber nicht um Gesunde Lebensführung, sondern hauptsächlich um Krankheitsbehandlung. Unser Gesundheitssystem wird Jahr für Jahr teurer, dennoch nehmen die lebensbedingten Zivilisationserkrankungen zu:

Adipositas, Bluthochdruck, Diabetes, Rheumatische Erkrankungen einschließlich Arthritis und Arthrose, sowie Krebs.

Unsere Gesundheitsministerien sollten eher „Krankheitsbehandlungsministerien" genannt werden. Die Kostenexplosion im Gesundheitswesen könnte leicht eingedämmt werden, wenn eine Gesunde Lebensweise sich mehr und mehr durchsetzt. Das ist kein Geheimnis, ein Geheimnis ist es nur, weshalb das nicht ein Anliegen der Gesundheitsministerien ist und viel mehr gefördert wird durch Aufklärung, Anreize und Angebote.

Ein medizinischer Ansatz, der nur auf BEHANDLUNG beruht und dabei die Potentiale des SELBERHANDELNS, die im Patienten selber liegen, missachtet und brachliegen lässt, muss ineffektiv bleiben. Der Medizinapparat, der von den Behandlungen lebt und heute in astronomische Dimensionen aufgebläht ist, hat natürlich kein Interesse an einem ganzheitlichen Ansatz, der nicht nur reparieren, sondern HEILEN will, der also die Krankheiten ursächlich bekämpft. Und die Ursachen der allermeisten Erkrankungen liegen nun einmal in unserer Lebensweise.

Müsste nicht genau hier ein „Gesundheitsministerium", das diesen Namen verdient, ansetzen?

Nun haben wir eine Situation, wo ein Virus die Bevölkerung pandemisch bedroht: SARS-CoV2 mit seinen Varianten. Allerdings zeigt es sich, dass die meisten Infizierten entweder gar keine Symptome erzeugen oder nur leichte Verläufe haben. Die Risikofaktoren für schwere Verläufe sind leicht auszumachen:

Adipositas, Bluthochdruck, Diabetes, Rheumatische Erkrankungen einschließlich Arthritis und Arthrose, sowie Krebs.

Bei Menschen wo ein allgemein geschwächtes bzw. überfordertes Immunsystem vorliegt, bei Menschen wo entzündliche Prozesse im Körper besonders aktiv sind, bei

Menschen, wo mangelnde Bewegung und Rauchen die Lungenkapazität bereits herabgesetzt haben, hat Corona ein besonders leichtes Spiel. Diese Menschen sind besonders gefährdet für schwere Verläufe.

Impfgegnern wird stets entgegengehalten, die Zahlen und die „wissenschaftlichen" Quellen sprächen gegen sie. Die genannten Risikofaktoren sind aber leicht logisch nachzuvollziehen – sofern Logik und gesunder Menschenverstand auch noch ihre Berechtigung haben dürfen. Es geht nicht darum, dass nicht auch die Impfskeptiker Zahlen finden könnten, die ihre Sicht belegen. Es geht darum, sich bewusst zu machen, dass sich kaum ein Mensch von Zahlen überzeugen lässt. Für jede Seite lassen sich Zahlen finden. Zahlen sind nicht dafür da, sich von einer anderen Denkweise überzeugen zu lassen. Das funktioniert nicht. Zahlen sind dafür da, die eigene Denkweise zu bestätigen. Das Anliegen dieser Schrift ist es, sich auch einmal auf eine ganz andere Denkweise einzulassen und ihre logische Stringenz nachzuvollziehen.

Das Ziel ist, sich dessen bewusst zu werden:

Es gibt nicht nur einen „alternativlosen" Ansatz, so wenig, wie es eine „alleinseligmachende" Kirche gibt. Diese Herangehensweise entspricht nicht einer pluralistischen Gesellschaft. Es gibt verschiedene Denkweisen und Weltanschauungen, die alle genauso legitim sind.

Unsere Demokratie lebt nicht nur davon, dass die Mehrheit bestimmt, welche Parteien an die Macht kommen. Unsere Demokratie lebt auch davon, dass Minderheiten toleriert werden und ihrem eigenen Lebensentwurf folgen dürfen. Deshalb ist es hier das Anliegen darzustellen, dass auch ein alternativer Ansatz für den Umgang mit der eigenen Gesundheit legitim und logisch schlüssig ist und das Recht hat, geschützt zu werden – sofern uns unsere freiheitlich-pluralistische Gesellschaftsform noch am Herzen liegt...

Eine angemessene politische Reaktion auf Corona könnte sein, dass die Gesundheitsministerien ihre jahrzehntelangen Versäumnisse eingestehen und sich endlich um die Ursachen der lebensbedingten Zivilisationserkrankungen Adipositas, Bluthochdruck, Diabetes, Rheumatische Erkrankungen einschließlich Arthritis und Arthrose, sowie Krebs kümmern. Diese liegen vor allem im Bereich der Ernährung. Dies entspräche der Erkenntnis des französischen Arztes und Physiologen Claude Bernard (1813 – 1878):

„Der Keim ist nichts,
der Nährboden ist alles.“

Dieser Erkenntnis schloss sich der französische Mitbegründer der Mikrobiologie Louis Pasteur (1822 – 1895) auf seinem Sterbebett an.

Anstattdessen schlugen die Gesundheitsministerien und die führenden Politiker den gegenteiligen Weg ein: Mit ihrem Ruf nach Einschränkungen und nach Impfungen konzentrierten sie sich ganz auf den Keim und machten die Gesellschaft zu Sklaven eines launischen Virus. Für einen langjährigen Anhänger und Studierenden auf dem Gebiet der Gesunden Lebensweise wirkt das besonders scheuklappenbehaftet, wenn dieser Weg auch noch als „alternativlos“ bezeichnet wird.

Ist nicht ein Arzt, der unmittelbar Kranke behandelt und den Einfluss einer veränderten Ernährung und Lebensweise beobachtet, auch ein Wissenschaftler? Er hat das Ziel, seinen Patienten zu helfen und sie erfolgreich zu behandeln. Die Effekte einer bestimmten Ernährungsumstellung sind beliebig wiederholbar. Im Sinne einer ganzheitlichen Sicht von „Biologie", der „Wissenschaft vom Leben" dürfen diese Ärzte auch als Wissenschaftler bezeichnet werden, auch wenn sie ihre Beobachtungen nicht im Reagenzglas, sondern am Krankenbett gemacht haben. Beispielhaft seien hier drei genannt:

- Maximilian Oskar Bircher-Benner (1867 – 1939, Schweiz)

- Max Otto Bruker (1909 – 2001, Deutschland)

- Johann Georg Schnitzer (geb. 1930, Deutschland)

Sie waren unzufrieden mit den Werkzeugen, die ihnen ihr Medizinstudium an die Hand gegeben hatte. Sie erkannten, dass sie damit das eigentliche Ziel eines Arztes nicht erreichen konnten: Nachhaltig die Gesundheit ihrer Patienten zu verbessern. Die hilfreichen Effekte einer Ernährungsumstellung konnten sie nicht nur an verschiedenen Patienten wiederholen, damit ihre Behandlungserfolge erheblich verbessern und die Wirksamkeit beweisen. Sondern sie gelangten auch weitgehend unabhängig voneinander zu den gleichen Prinzipien einer gesunden und heilungsfördernden Ernährung:

eine weitgehend vegetarische Vollwertkost

(Einschränkung bis Ausschluss von raffinierten Kohlenhydraten, tierischen Eiweißen, Alltagsdrogen wie Kaffee, Nikotin und Alkohol).

Sie gelangten zu einem Medizinansatz, der dem „Vater der modernen Medizin", Hippokrates von Kos (um 460 – um 370 vor Christus) entspricht. Von diesem stammt der Ausspruch:

„Lasst eure Nahrungsmittel eure Heilmittel sein
und eure Heilmittel eure Nahrungsmittel."

Wenn doch Hippokrates als Begründer des „hippokratischen Eides" anerkannt ist, weshalb gelten dann gerade die Ärzte im Medizinbetrieb als nicht ernst zu nehmen, die seinem Ansatz folgen?

Eine durch die Gesundheitsministerien geförderte Aufklärung in dieser Richtung hätte in der Zeit nach dem Zweiten Weltkrieg die Verbreitung der lebensbedingten Zivilisationserkrankungen erheblich eindämmen und große Kosten sparen können. Mit einer Inkubationszeit von etwa 20 Jahren stieg die Kurve dieser Krankheit Anfang der 70er Jahre steil an, nachdem Anfang der 50er Jahre das „Wirtschaftswunder" uns Massentierhaltung, raffinierte Kohlenhydrate und Genussgifte in Hülle und Fülle beschert hatte. Die Mahner für eine Gesunde Lebensweise blieben fast ungehört. Ärzte und Politiker, die für eine solche vermeintlich asketische Lebensführung plädieren, verlieren sehr schnell einen Großteil ihres Klientels.

Dabei ist es gerade die Aufgabe der Gesundheitsministerien über solche unpopulären Ansätze aufzuklären – sofern es sich der Gesundheit der Bevölkerung und nicht etwa anderen Interessen verschreibt. Bakterien und Viren würden viel von ihrem Schrecken verlieren, wenn auf diese Weise der „Nährboden" auf Gesundheit programmiert ist. Dass ein solcher Ansatz von der Pharmaindustrie nicht erwünscht ist, mag verständlich sein. Doch dass ein solcher Ansatz von den Gesundheitsministerien auch heute noch unterdrückt wird, lässt Zweifel an ihrer Unabhängigkeit aufkommen.

Dr. Johann Georg Schnitzer richtete am Anfang der Corona-Pandemie, im Sommer 2020, eine Anfrage an das Bundes-Gesundheitsministerium, welche Erkenntnisse denn darüber vorlägen, welcher Ernährungsweise denn die an Corona Verstorbenen gefolgt seien. Er erhielt nicht etwa eine Antwort, die darüber Auskunft gab, oder eine Antwort, die entschuldigend darauf hinwies, man habe sich noch keine Gedanken darüber gemacht, es lägen keine Studien vor. Dr. Johann Georg Schnitzer erhielt einfach gar keine Antwort!

Ein deutscher Arzt, der die Ursachen und Heilmethoden, der bis dahin als unheilbar geltenden Erkrankungen Bluthochdruck und Diabetes erkannt hat, dem von daher längst der Medizin-Nobelpreis gebührt hätte – wird vom deutschen Bundes-Gesundheitsministerium nicht einmal einer Antwort gewürdigt! Ein solches unwürdiges Verhalten und eine solche Missachtung des in Deutschland vorhandenen Wissens- und Erfahrungsschatzes offenbart die Einseitigkeit bei der Wegfindung der deutschen Corona-Politik: Was nicht ins Konzept passt, wird totgeschwiegen.

Die Haltung der Regierung ist:

Durch Aufklärung könne man die Impfraten erhöhen.

Doch angesichts dieser Abläufe sei die Frage erlaubt:

Wer klärt die Regierung auf?

Ist denn „Aufklärung" nur die Weitergabe von Informationsbroschüren der Pharma-Industrie? Oder darf sich auch das als „Aufklärung" bezeichnen, was übergreifende

Zusammenhänge erklärt und auf Handlungsansätze hinweist, die nicht von der Pharmaindustrie entwickelt wurden?

Seit Jahrzehnten erlebe ich es als Gesundheitspraktiker, als Krankenpfleger, Altenpfleger und Gesundheitsberater, dass Menschen für die Möglichkeiten der Gesunden Lebensweise nicht bereit sind und ihre lebensbedingten Zivilisationskrankheiten das Gesundheitswesen aus meiner Sicht unnötig belasten.

Im Altenheim sitzt ein Senior im Rollstuhl, der bereits ein Bein aufgrund des Rauchens verloren hat. Er raucht trotzdem weiter. Seine Operationen und seine Pflegebedürftigkeit sind offensichtlich auf seine Lebensweise zurückzuführen. Darüber hinaus ist er trotz der Offensichtlichkeit dieses Zusammenhangs nicht bereit, seine Lebensweise zu ändern. Keiner würde auf die Idee kommen, auch ich nicht, diesem Menschen aufgrund seiner Unbelehrbarkeit das Solidarsystem der Krankenkassen vorzuenthalten.

Natürlich darf ein jeder im Umgang mit der Gesunden Lebensweise seinen eigenen Weg finden. Ich musste es als Altenpfleger und Sozialarbeiter in Altenheimen lernen, den freien Willen meiner Mitmenschen zu achten und diese Freiheit über eine gesundheitspolitische und volkswirtschaftliche Vernunft zu stellen.

Nun gerade einen Impfgegner – erst recht, wenn er sich um eine Gesunde Lebensweise bemüht – als Verweigerer zu bezeichnen und ihm kaum tragbare Kosten (und eventuell bald Bußgelder) aufzubürden, widerspricht dem Solidarsystem unseres Gesundheitswesens. Diese Haltung rührt einzig aus der Auffassung, zu den Impfungen gebe es keine Alternativen.

Aus der Sicht der Gesunden Lebensweise verweigern sich jedoch die meisten Impfbefürworter. Die Gesunde Lebensweise wird nicht ernst genommen, ihre Wirksamkeit wird nur als kosmetische Zutat dargestellt. Bei einem „so gefährlichen Virus" wie SARS-CoV2 wäre sie ja doch machtlos.

Wer sich die Risikogruppen für schwere Verläufe anschaut und den Zusammenhang mit der Lebensweise eingesteht, gelangt zu der Erkenntnis, dass die Gesunde Lebensweise die Grundlage ist.

Auch beim Umgang mit Corona.

Drei Beispiele für „alternative" Wissenschaftler

Gibt es denn so etwas wie eine „alternative" Wissenschaft?

Leider muss ich hier von „alternativen" medizinischen Wissenschaftlern, im Gegensatz zu den „Schulmedizinern" sprechen. Es wird sehr oft falsch dargestellt, die Anhänger von alternativen Heilansätzen würden die Schulmedizin ablehnen. Im Bereich der Unfallmedizin und bei akuten Erkrankungen werden die Kompetenzen der Schulmedizin von den Wenigsten infrage gestellt. Doch bei den chronischen Erkrankungen, bei den lebensbedingten Zivilisationserkrankungen – da ist die Schulmedizin selber, die ihre Ineffektivität eingesteht. Sie selber gibt ihre Grenzen dadurch zu, dass sie viele der Krankheiten als unheilbar bezeichnet, die längst geheilt werden können:

Bluthochdruck, Diabetes, Rheumatische Erkrankungen einschließlich Arthritis und Arthrose, sowie Krebs.

Natürlich können nicht alle Erkrankten geheilt werden: Es hängt vom Fortschritt ihrer Erkrankung ab und von der Bereitschaft, ihre Lebensweise zu ändern. Der wesentliche Heilungsansatz heißt hier: Ernährungsumstellung.

Man dürfte annehmen, die Heilungsansätze für diese bisher „unheilbaren" Krankheiten, die im 20. Jahrhundert entwickelt wurden, würden von der medizinischen Wissenschaft als eine Sensation aufgegriffen und mit wissenschaftlicher Neugier studiert. Anstatt dessen werden diese Krankheiten weiterhin als „unheilbar" bezeichnet, die Ärzte, die solche Ansätze vertreten, werden oft als Scharlatane abgestempelt, Patienten werden weitgehend nicht auf diese Möglichkeiten hingewiesen. Und die medizinische Wissenschaft forscht weiter in ihren Laboren. Denn Ernährungsumstellung wird nun einmal leider nicht als Heilmittel anerkannt. Man forscht weiter nach der „Pille gegen Rheuma", nach der „Pille gegen Bluthochdruck", nach der „Pille gegen Krebs". Warum wird Ernährungsumstellung nicht als Heilmittel anerkannt? Weil daran keiner verdient?

Natürlich sucht die Pharmaindustrie nach Verdienstmöglichkeiten durch patentierbare Medikamente und hat daher kein Interesse an einem weitgehend kostenneutralen Heilungsweg. Diese Sichtweise der Pharmaindustrie kommt außerdem der Bequemlichkeit des Verbrauchers entgegen, für den es meist indiskutabel ist, seine Lebensweise zu ändern und der lieber auf die „Wunderpille" wartet. Die Erkenntnis der alternativen medizinischen Wissenschaft ist es aber, dass es diese Wunderpille nicht gibt und nicht geben wird, dass es ohne eine Ernährungsumstellung einfach nicht geht, weil in der Fehlernährung die Hauptursache der oben angeführten Erkrankungen liegt. Ernährung ist die Grundlage unseres Stoffwechsels. Da gibt es nichts zu leugnen. Die Labore forschen also in weiten Bereichen längst ins Leere...

Hinzu kommt, dass auch das Prädikat „unheilbar" große Verdienstmöglichkeiten an den Krankheiten eröffnet. Denn die Schulmedizin hat nicht den Anspruch den Patienten von seinen chronischen Krankheiten zu heilen, sondern ihm zu „helfen, mit der Krankheit zu leben". Das bedeutet lebenslange Abhängigkeit von Insulin, Blutdrucksenkern und anderen pharmazeutischen Krücken. Hier gibt es offenbar ein Schisma in der Medizin, einen unüberbrückbaren Graben. Es sollte natürlich nur eine Wissenschaft geben, nur eine Suche nach der Wahrheit. Entgegen aber der Darstellung, die alternative Medizin würde sich gegen die Schulmedizin sperren, ist es offenbar in weit größerem Maße so, dass die Schulmedizin die Erkenntnisse aus der alternativen Medizin ablehnt und sich von ihr bedroht fühlt.

Diese Unterscheidung soll nicht falsch verstanden werden: Indem hier ein Stab gebrochen wird für alternative Ansätze, werden keinesfalls alle möglichen BEHANDLUNGSmethoden der Alternativmedizin gutgeheißen – erst recht nicht, wenn sie eine Prüfung der schulmedizinischen Möglichkeiten verhindern. Die Wirksamkeit von Globuli und Kräutertinkturen darf genauso angezweifelt werden wie die von chemischen Präparaten. Das Anliegen, um das es hier geht, ist vor allem, die Möglichkeiten des SELBERHANDELNS wieder mehr in die Aufmerksamkeit zu rücken, die noch kaum wissenschaftlich verifizierten oder genutzten Heilungs-Potentiale der Gesunden Lebensweise, also der aktiven Änderung der eigenen Lebensgewohnheiten.

Indem hier aufgezeigt wird, dass es in unserer Gesellschaft leider nicht nur eine Wissenschaft gibt, sondern verschiedene wissenschaftliche Richtungen, sollen die Impfgegner gegen den Vorwurf verteidigt werden, sie wären wissenschaftsfeindlich oder ignorant gegenüber wissenschaftlichen Erkenntnissen. Diese Ignoranz gibt es leider in beiden Lagern. Vielleicht wird hier aber deutlich, dass es die Ignoranz der Schulmedizin ist, ohne die wir gar nicht in eine solche pandemische Bedrohung hineingeraten wären. Diese Aussage beruht auf der Grundannahme, dass die eigentliche Bedrohung sich nicht aus den Infektionsraten ergibt, sondern aus den schweren Verläufen, für die die schulmedizinische Sichtweise erst die Voraussetzungen geschaffen hat.

Dr. Otto Warburg (1883 – 1970)

Der Biochemiker, Arzt und Physiologe Dr. Otto Warburg erhielt 1931 den Medizin-Nobelpreis für seinen Nachweis, dass Krebs in einer sauerstoffarmen und sauren Umgebung entsteht. Von ihm stammen folgende Zitate:

„...niemand kann heute behaupten, dass man nicht weiß, was Krebs ist und was seine Ursache ist. Im Gegenteil: Es gibt keine Krankheit, deren Ursache besser bekannt wäre, so dass also Unwissenheit nicht länger als Ausrede für eine mangelnde Prävention gelten kann.“

„Keine Krankheit kann in einem basischen Milieu existieren – nicht einmal Krebs.“

Anwendung finden seine Erkenntnisse in der Behandlung von Krebskranken mit Natriumbicarbonat[1].

Es überrascht nicht, dass diese effektive Behandlung mit einem so preiswerten und allgemein-verfügbarem Mittel wie „Natron“ in der Schulmedizin kaum Verbreitung findet.

Natürlich ersetzt die Behandlung oder Prävention mit Natron nicht die Umstellung auf eine basenbildende Ernährung. Diese logische Konsequenz der Forschungsergebnisse Dr. Otto Warburgs wird in der gängigen Schulmedizin weder als Prävention noch als

---

[1] Marc Sircus, *„Natriumbicarbonat – Krebstherapie für jedermann“*, Goldmann, München, 2017

Unterstützung bei der Heilung angeboten. Diese Ignoranz verursachte und verursacht noch heute sehr viel Leid, das sehr leicht hätte verhindert werden können.

Es wird deutlich, dass sogar die Erkenntnisse eines Medizin-Nobelpreisträgers es äußerst schwer haben, Eingang in Lehre und Praxis der gängigen Schulmedizin zu finden, sofern sich kaum Verdienstmöglichkeiten daraus ergeben. Diese bestürzende Erkenntnis wirft ein Licht auf unseren gängigen Wissenschaftsbegriff, der die Borniertheit entlarvt, mit der er sich als „alternativlos" hinstellt!

Dr. Hans-Heinrich Reckeweg (1905 – 1985)

Der studierte Mediziner Dr. Hans-Heinrich Reckeweg entwickelte zwischen 1948 und 1949 die „Homotoxikologie" und die antihomotoxische Therapie. 1955 erschien sein Buch *„Homotoxine und Homotoxikosen - Grundlagen einer Synthese der Medizin".*

Das übliche Verständnis von Krankheit und Heilung, geprägt durch die Schulmedizin, besagt:

Alle Krankheitssymptome müssen so schnell wie möglich beseitigt werden. Das Verschwinden der Krankheitssymptome bedeutet Heilung. Diese Auffassung, so verbreitet sie auch noch heute ist, verdrängt eine ganz einfache naheliegende Frage:

Was ist denn die Ursache der Erkrankung?

Gerne geben wir die Ursachen unserer Beschwerden nach außen:

- Zufall?
- Umwelt?
- Stress?
- Vererbung?
- Erkältung?
- Ansteckung?

Viele bekannte Naturheilkundler behaupten, es gebe eine innere Hauptursache für alle Krankheiten, und die heißt: Vergiftung (Übersäuerung, Verschlackung, Verschleimung, Toxaemie...).

So zum Beispiel:

- Dr. Maximilian Bircher-Benner (1867 – 1939): *„Eine der gewöhnlichsten Folgen dieser Missernährung ist die Stuhlträgheit. Wo aber Stuhlträgheit herrscht, besteht auch Fäulnis der Massen im Darme und damit Blutvergiftung aus dem Darme. Ein solcher Darmzustand gleicht einem Gift- und Infektionsherd, von dem aus mehr und mehr eine Schädigung über das ganze Körpersystem sich ausbreitet."*[2]

- Prof. Arnold Ehret (1966 – 1922): *„Jede Krankheit, egal mit welchem Namen sie der medizinischen Wissenschaft bekannt ist, ist eine Verstopfung, eine Verstopfung des gesamtem Leistungssystems des menschlichen Körpers."*[3]

- Dr. Hans-Heinrich Reckeweg (1905 – 1985): *„Die Homotoxinlehre wurde von Dr. Hans-Heinrich Reckeweg begründet. Sie besagt, dass Krankheiten die Reaktion des Organismus auf Gifte sind."*[4]

Das Besondere der Homotoxinlehre nach Dr. Reckeweg ist, dass sie Phasen der Vergiftung unterscheidet. Um von den schwereren Phasen (Arthrose, Tumore…) zu den leichteren (Fieber. Schweiß, Schnupfen, Entzündungen…) zu gelangen, ist es hilfreich, die natürliche Ausscheidung des Körpers zu unterstützen. Während die Schulmedizin die akuten Erkrankungen zu unterdrücken sucht, blockiert sie die natürliche Entgiftung des Körpers und führt so die akuten Erkrankungen in chronische über.

---

[2] *Ordnungsgesetze des Lebens*, Zürich, 1937 / 2014
[3] *Die schleimfreie Heilkost,* Weil der Stadt, 13. Auflage, 2006
[4] Johann Georg Schnitzer in *Diabetes heilen*,
Friedrichshafen / Bodensee, 1980 (und weitere Auflagen)

Die Naturheilkunde begrüßt und unterstützt die akuten Erkrankungen (die leichteren Phasen: Fieber, Schweiß, Schnupfen, Entzündungen...), denn sie erkennt in ihnen den Versuch des Körpers, sich selber zu heilen.

> *„Krankheit ist ein Versuch des Körpers,*
> *Abfall, Schleim und Gifte auszuscheiden."*[5]

Eine akute Erkrankung ist eine „Reinigungskrise". Daher ist eine Infektion mit einem Influenza- oder Corona-Virus für einen „normalvergifteten Durchschnittskonsumenten" weder ein Unglück, noch ein Zufall. Die Symptome, die der Körper produziert, entsprechen seiner Reinigungsphase.

Hier stimmen die zitierten Naturheilkundler, einschließlich Dr. Reckeweg, vollkommen überein mit der Erkenntnis des französischen Arztes und Physiologen Claude Bernard (1813 – 1878):

> *„Der Keim ist nichts,*
> *der Nährboden ist alles."*

Von diesem Krankheitsverständnis her ist eine Impfung natürlich eine Schauplatzverlagerung, die nur den Zweck haben kann, Aktionismus zu beweisen und die Menschen von den wahren Gesundheitsproblemen abzulenken. Eine Impfung, die immer einen spezifischen Erreger betrifft, ändert natürlich gar nichts an der Reinigungsphase des Menschen. Ist er stark vergiftet, so wird ihn eben ein anderes Virus hinwegraffen. Wenn er in seiner falschen Lebensweise konsequent ist, so benötigt er auch gar kein

---

[5] Prof. Arnold Ehret, *Die schleimfreie Heilkost,*
Weil der Stadt, 13. Auflage, 2006

Virus und verstirbt an den genannten lebensbedingten Zivilisationserkrankungen. Die Impfung spielt in diesem Prozess keine Rolle, oder höchstens noch die, dass sie eine zusätzliche Belastung darstellt.

Gerne werden Beispiele angeführt von Impfgegnern, die schließlich „an Corona" versterben. Hier wird eine Sichtweise unterstützt, die uns weismachen will, eine Krankheit käme von außen, das Virus wäre ein zombieartiger Terrorist, der vollkommen willkürlich jeden treffen kann, das hinge einzig vom Zufall ab, als wäre es eine Lotterie des Todes. Der ständige Angst-Modus, in dem wir gehalten werden, ist eine destruktive Botschaft, denn wir können nicht wirklich darauf reagieren – außer uns impfen zu lassen und dadurch eine Scheinsicherheit herzustellen. Es ist eine Verzerrung und eine Täuschung, wenn auf diese Weise von unserem wohlstandsbedingtem Vergiftungszustand abgelenkt wird und wir von den „Experten" nicht einmal den Anstoß dazu erhalten, daran etwas zu ändern.

Natürlich haben die meisten Corona-Opfer Vorerkrankungen. Aber natürlich sterben auch Menschen an dem Corona-Virus, bei dem ihr Vergiftungsstatus noch nicht in Vorerkrankungen manifest geworden ist. Dennoch liegt eine Ursache vor, die über den Auslöser, das Virus, hinausgeht. Wer dieser einfachen Logik nicht folgen kann, der hat sich bisher noch nicht für diese Thematik interessiert. So wie die meisten. Das ist völlig okay. Doch hier sehe ich bei den staatlichen Behörden die Pflicht zur Aufklärung, der sie einfach nicht nachkommen.

Bei den gerne angeführten Beispielen von an Corona verstorbenen Impfgegnern, wäre es doch einmal interessant der Frage von Dr. Schnitzer nachzugehen, die unser

Gesundheitsministerium ignoriert hat: Welcher Ernährungsweise sind sie denn vorher gefolgt? Natürlich sind nicht alle Impfgegner Gesundheitspraktiker. Aber die entscheidende Frage für die Natur ist eben nicht „Bist du geimpft?", sondern „Wie gesund lebst du?".

Als Risikogruppen werden vor allem Ältere genannt. Das ist insoweit richtig, als dass mit dem Alter die schwereren Vergiftungszustände durchschnittlich zunehmen. Auf das Individuum bezogen ist diese Sichtweise aber irreführend, da sich die Gewebe und das Blut natürlich auch bei Senioren bei gesunder Lebensführung in einem guten entgifteten Zustand befinden können.

Aufklärung wäre auch vonnöten darüber, dass den Risikogruppen (Menschen mit einem hohen Vergiftungsstatus) natürlich am ehesten von einer Impfung abzuraten ist. Denn bevor sie nicht durch eine Ernährungsumstellung einen Prozess der Entgiftung durchlaufen haben, sind sie natürlich am meisten durch die Impfung gefährdet, dass sie genau das auslöst, vor dem sie schützen soll: einen schweren Verlauf. Unter diesem Gesichtspunkt ist der Aufruf, die Risikogruppen zuerst zu impfen, ein gezielter Anschlag auf die Gesundheit. Die Ignoranz und Borniertheit, den Gesundheitszustand auf den Impfstatus zu reduzieren, ist eine Haltung, die man von den Pharmafirmen erwartet, nicht jedoch von den Gesundheitsministerien, die dazu fähig sein sollten, eine übergeordnete Sichtweise zu vermitteln.

Dr. Hans-Heinrich Reckeweg klärt bereits in einem 1978 erschienenen Artikel über die homotoxische Wirkung des Schweinefleisches auf. In diesem insgesamt äußerst lesenswerten Artikel liefert er mehrere dramatische Beispiele, welchen Unterschied das Weglassen des Schweinefleisches in der

Ernährung für die Gesundheit macht. Über ein politisches Aufgreifen dieses in Deutschland gehobenen Wissensschatzes durch Gesundheitsaufklärung oder ein Umschwenken in den Landwirtschafts-Subventionen ist nichts bekannt.

Hier ein Auszug, der die erläuterten Zusammenhänge, auch in bezug auf die „Wohlstandserkrankungen" belegen kann:

„Während der mageren Jahre während des Krieges und besonders nach dem Kriege, die mit der Währungsreform ihren Abschluss fanden, war das deutsche Volk praktisch gesund. Die wenigsten konnten sich satt essen. Schweinefleisch gab es praktisch überhaupt nicht. Fleisch sonstiger Herkunft nur in geringsten Portionen. Wenig Fett wurde verteilt, kaum Zucker, dagegen konnten Brot und andere Teigwaren in meist ausreichenden Mengen beschafft werden, zumal wenn diese durch Kartoffeln und Rüben sowie Frischgemüse ergänzt wurden.

Damals gab es praktisch keine Blinddarmentzündung, keine Gallenblasenerkrankungen, höchstens mit Ausnahme bei jenen, die ein Schwein ‚schwarz geschlachtet' hatten, was allerdings sehr selten vorkam. Auch Rheuma, Bandscheibenleiden und ähnliche Erkrankungen, ferner Herzinfarkt sowie Verkalkung und Bluthochdruck waren fast unbekannt geworden.

Jedoch bald nach der 1948 erfolgten Währungsumstellung, als Schweinefleisch, Schinken und besonders auch Speck fast unmittelbar wieder zur Verfügung standen, änderte sich das Bild grundlegend.

Blinddarmentzündungen, Gallenblasenerkrankungen, akute Hauteiterungen wie Pyodermien, Impetigo, Furunkulosen und Schweißdrüsenabszesse waren wieder an der Tagesordnung, nach deren Behandlung mit chemischen Mitteln, mit Sulfonamidsalben usw. dann auch bald chronische Pilzflechten und verschiedenartigste Nebenwirkungen bemerkbar wurden.

Besonders erschreckend aber war damals die Zunahme der Krebserkrankungen. Zahlreiche Patienten im Alter von 60 bis 70 Jahren, die bisher beschwerdefrei gelebt hatten, erkrankten plötzlich an Magenbeschwerden, deren Ursache sich dann als Krebserkrankung an der Speiseröhre, an Magen und Darm herausstellte. Der Verlauf dieser Fälle war so instruktiv und biologisch bedeutsam bzw. kausal begründet, dass ich daraus wichtige Hinweise auf den Ursprung aller Krankheiten als giftbedingt entnehmen musste.

Im Laufe der Jahre und mit zunehmender Erfahrung stellte sich dann heraus, dass viele andere Erkrankungen wie Arthritis und Arthrosen ebenfalls in großem Umfang schweinefleischbedingt waren. (...)"[6]

Ein Zitat einer solchen Länge in einer solchen schmalen Schrift soll eine Ausnahme bleiben. Es geht darum zu verdeutlichen: Es liegt eine jahrzehntelange konsequente Totalignoranz vor bezüglich eines vor allem im deutschen Sprachraum gehobenen

---

[6] *GESUNDE MEDIZIN*, Heft 3/1978, Magazin für Gesundheit, Soziales und Umwelt, Ekkehard Franke-Gricksch Verlag GmbH, 7250 Leonberg, zitiert nach: www.gesundheitlicheaufklaerung.de/schweinefleisch-und-gesundheit/

Gesundheitswissens, das nicht wirtschaftsorientiert, sondern gesundheitsorientiert ist.

Wie wollen die Gesundheitsministerien gegenüber einem Gesundheitspraktiker nun auf einmal Vertrauen einfordern, wenn es um die Impfbefürwortung geht und glaubhaft darlegen, es gehe ihnen jetzt aber plötzlich nicht um wirtschaftliche Interessen, sondern nur um die Gesundheit der Bevölkerung?

Ist dafür nicht bereits zu viel verspielt worden?

Prof. Dr. Lothar Wendt (1907 – 1989)

Bereits einige Jahre vor Dr. Hans-Heinrich Reckeweg[7] veröffentlichte Dr. Lothar Wendt, Medizinprofessor an der Johann-Wolfgang-Goethe-Universität Frankfurt am Main, 1948 seine Lehre von den Eiweißspeicherkrankheiten. Hierin wird die Homotoxinlehre, offenbar unabhängig von den Forschungen Reckewegs, bestätigt und anhand eines Beispiels bereits dargelegt.

In der ersten Hälfte des 20. Jahrhunderts wurden neben den kalorienhaltigen Nährstoffen Kohlenhydrate, Fette und Eiweiße mehr und mehr auch die kalorienfreien, jedoch ebenso wichtigen Vitalstoffe entdeckt und beschrieben: Vitamine, Enzyme und Spurenelemente. Das Wissen darum setzte sich jedoch erst allmählich durch, und das Hauptaugenmerk der Ernährungsempfehlungen lag auf den kalorienhaltigen Nährstoffen. Man wusste auch noch nichts davon, dass Nahrungspflanzen in ihrer naturgegebenen Zusammensetzung uns diese Nährstoffe in der idealen Beschaffenheit und Aufteilung liefern.

Man dachte, man müsse für die Versorgung mit diesen Nährstoffen selber sorgen, indem man zum Beispiel ein Brot (Kohlenhydrate) mit Margarine oder Butter (Fett) und einer Scheibe Wurst (Eiweiß) esse. Besonders bei den Eiweißen gab es dabei gerade in der Nachkriegszeit, merkwürdigerweise auch in Fachkreisen, nicht eine Obergrenze, sondern vertrat eher die

---

[7] Buch *Homotoxine und Homotoxikosen - Grundlagen einer Synthese der Medizin*, 1955

Ansicht „viel hilft viel". Zuviel könne man davon nicht haben, ein Überschuss an Eiweißen würde restlos ausgeschieden.

Prof. Dr. Lothar Wendt war ein Pionier. Er war der erste, der auf wissenschaftlicher Grundlage darauf hinwies, dass der Körper sehr wohl überschüssiges Eiweiß „speichert". Genauer gesagt: Es geht um tierisches Eiweiß, nicht um pflanzliches. Pflanzliches Eiweiß ist leichter verstoffwechselbar, und ein Überkonsum ist eher nicht möglich. Die Abbauprodukte des tierischen Eiweißes, die Schlackensalze der Harnsäurekristalle, lagern sich an den Membranen der Blutgefäße ab. Dies ist besonders kritisch an den Kapillarmembranen, an den durchlässigen Häuten der allerfeinsten Blutgefäße, wo der Austausch mit den Zellen stattfindet. Die Harnsäurekristalle blockieren ebenso das Zwischenzellgewebe und die Zellmembranen.

Wenn der Austausch zwischen Blut und Zellen gestört ist, dann betrifft das natürlich die Versorgung mit sämtlichen Nährstoffen, aber auch mit Sauerstoff und Hormonen, wie zum Beispiel Insulin. Bereits in seinen allerersten Schriften zum Thema wies Dr. Wendt auf den Zusammenhang mit Bluthochdruck und Diabetes hin, aber auch mit Tumoren.

In der Fachwelt gab es für diese bahnbrechenden Erkenntnisse Dr. Wendts zu seinen Lebzeiten und bis heute wenig Resonanz. Dem Laien war es kaum zu vermitteln, gerade in der Nachkriegszeit, welche Bedeutung die vegetarische Ernährung für den Erhalt ihrer Gesundheit hat.

Auf der Basis dieser Erkenntnisse gab es drei bedeutende Veröffentlichungen, die dieses Wissen auch dem Laien nahebringen, zur Anwendung führen und die Richtigkeit mit immer mehr werdenden Heilungsfällen belegen:

- Dr. Johann Georg Schnitzer, *Diabetes heilen*, Friedrichshafen-Bodensee, 1980-2001-2005-2009

- Dr. Johann Georg Schnitzer, *Bluthochdruck heilen*, Friedrichshafen-Bodensee, 1986-2000-2005

- Eckhard K. Fisseler, *Arthrose – Der Weg zur Selbstheilung*, Hans Nietsch Verlag, Freiburg, 2007

Dass immer noch in diesem Ausmaß Erblindungen und Amputationen aufgrund von Diabetes stattfinden, dass immer noch Bluthochdruckkranke systematisch in den Infarkt gelenkt werden (blutdrucksenkende Mittel senken nicht das Risiko!), dass immer noch Arthrose-Kranken in solchem Ausmaß die Gelenke ausgetauscht werden – obwohl ja das Wissen vorhanden ist! – ist eine unmittelbare Folge unserer verfehlten Gesundheitspolitik.

Bei diesen Erkrankungen haben wir es mit den Risikofaktoren für schwere Corona-Verläufe zu tun. Als Reaktion der Regierungen und eines Großteils der Bevölkerung werden nun in der Eile neuentwickelte Impfungen als „alternativlos" dargestellt, anstatt ein seit Jahrzehnten vorhandenes Wissen endlich zur Anwendung zu bringen. Bei der Bevölkerung mögen sich die jahrzehntelangen Versäumnisse durch Unkenntnis erklären. Kann diese Entschuldigung auch für unsere Regierungen anerkannt werden? Im Lichte dieser übergreifenden Schau auf die Gesundheitsentwicklung seit der Zeit nach dem 2. Weltkrieg wird es vielleicht deutlich, wie primitiv es ist, mit der Fixierung auf das Virus von jahrzehntelangen Versäumnissen abzulenken und gerade denen Vernunft und wissenschaftliches Denken abzusprechen, die auf die tieferen Zusammenhänge hinweisen.

Aber nicht gehört werden.

Die Alternativen

Nichts tun

Natürlich gibt es für eine Strategie immer die Alternative nichts zu tun. Hiermit wird ein Tabu angesprochen. Man will sich nicht nachsagen lassen, untätig gewesen zu sein. Politiker, die „etwas tun", können ihre Popularitätswerte steigern, weil sie sich als „Macher" präsentieren. Doch oftmals ist es nicht gesagt, dass die Ergebnisse der Strategie tatsächlich den Ergebnissen des Nichtstuns überlegen sind. Nichtsdestotrotz steht bei einem Scheitern der als schuldig dar, der den Dingen seinen Lauf ließ, während der „Macher" von sich sagen kann, „er habe ja alles versucht". Egal, wie unsinnig seine Strategie auch war.

Wie sagte die weise Schildkröte aus dem Film *Kungfu Panda*?:

„Oft begegnet man seinem Schicksal auf eben jener Straße,
die man einschlägt, um es zu vermeiden."

Es wurde früh festgelegt, dass die einzige Antwort auf die corona-pandemische Bedrohung nur Maskentragen, Kontaktbeschränkungen und Lockdowns sein können und dass der einzige Ausweg aus diesen Freiheitseinschränkungen nur das Impfen sein könne.

Man hat bei der jährlich im Herbst mit Beginn der dunklen Jahreszeit aufkommenden Grippe niemals solche Maßnahmen in Betracht gezogen. Auch bei jeder Grippewelle gab es Todesopfer. Die Zahlen sind schwer zu vergleichen, da durch die Testungen viele als Corona-Tote gezählt wurden, auch wenn sie primär an anderen Erkrankungen verstarben. Für die Grippe gab es diese Testungen nicht, so dass zum Beispiel viele Menschen, die an Lungenentzündung verstarben, gleichzeitig Grippe hatten. Sie zählten als Verstorbene an Lungenentzündung. Zu Corona-Zeiten wären sie getestet worden und bei positivem Ergebnis den Corona-Toten zugerechnet worden.

Schon seit vielen Jahrzehnten unterscheidet die Statistik bei der Grippe die Corona-Viren und die Influenza-Viren. Bei der aktuellen Corona-Pandemie wird allerdings immer wieder betont, das Virus sei neuartig und habe mit einer gewöhnlichen Grippe nichts zu tun. Gleichzeitig wird aber verleugnet, es könne ein Produkt der Biowaffenforschung sein, das in einem Labor unter dem Vorwand der Gain-of-function-Forschung entwickelt worden war und dann durch Unfall oder mit Absicht entwichen war. Hier fragt man sich schon, kann sich das offizielle Narrativ nicht für eine Version entscheiden? Beides abzustreiten, ergibt kaum einen Sinn. Wie vertrauensbildend kann es sein, das Offensichtliche zu vertuschen?

Aber dahingestellt. Auch wenn das angeblich natürlich entstandene SARS-CoV2-Virus trotzdem nichts mit der Grippe zu tun hat und angeblich so viel gefährlicher ist (was nicht belegbar ist), so gibt es doch Parallelen zu den Verbreitungsmustern der Grippeviren:

-   Mit Aufkommen der dunklen Jahreszeit steigen die Ansteckungsraten, mit dem Frühling sinken sie wieder. Unabhängig von irgendwelchen „Maßnahmen“. Mittlerweile sollte das angekommen sein.

-   Asymptomatische Menschen sind nicht infektiös.

- Es gibt nicht mehrere Wellen von dem gleichen Virus, bzw. von der gleichen Variante. Eine Virusvariante wirft sich nur einmal zu einer Welle auf, nicht ein weiteres Mal. Neue Wellen betreffen immer neue Varianten. Die Begründung:

- Menschen, die sich anstecken, sterben in der Regel nicht gleich und müssen eine völlig unterschiedliche Schwere der Symptome erleiden (erklärbar durch die Homotoxinlehre). Nach einer überstandenen Infektion verfügen sie über eine natürliche Immunität.

Was hat man also bisher bei den Grippewellen gemacht? NICHTS! Das bedeutet: Man hat nur das gemacht, was sowieso selbstverständlich ist: Symptomatische Personen bleiben zuhause. Wer rotzt und niest und hustet, sollte zuhause bleiben und möglichst nicht arbeiten gehen oder U-Bahn fahren. Man niest und hustet dem anderen nicht ins Gesicht. Das ist selbstverständlich, das wussten wir auch vorher schon. Wer es wollte, konnte sich impfen lassen. Alles andere überließ man der Natur. Zuvor hat man sich zum Herbst darauf eingerichtet, dass es auf den Intensivstationen voller wird. Und im Frühjahr darauf, dass sie wieder leerer werden. Was hat man ansonsten gemacht? NICHTS!

Heute wird uns erklärt, wie man sich die Hände wäscht. Heute wird uns erklärt, wir müssten Masken tragen und uns alle impfen lassen. Doch die angebliche Verbreitung des SARS-CoV2-Virus durch asymptomatische Personen ist ein Märchen. Das ist reine Angstmache und hat mit „Wissenschaft" nichts zu tun. Um das Maskentragen und die Einschränkungen, die niemals alternativlos waren, zu beenden, müssten wir uns alle impfen lassen. Doch die hohen Inzidenzen, die das begründen sollen, könnten ebenso als Begründung dafür herhalten, das Maskentragen und die

Einschränkungen sowie die Konzentration auf das Impfen als die große Rettung sofort aufzuheben. Denn wenn man die Inzidenzen zwischen der Jahreswende 2020/2021 und der Jahreswende 2021/2022 vergleicht, so stellt man fest, dass die Inzidenzen noch weiter angestiegen sind, obwohl wir durch Kontaktbeschränkungen und Lockdowns unsere Wirtschaft und den sozialen Frieden stark gefährdet haben, obwohl die Bevölkerung sich hat seitdem zu zwei Dritteln impfen lassen (wenn wir denn eine Zweifach-Impfung als vollständig geimpft gelten lassen wollen). Die Entwicklung der Zahlen belegt also: Unsere Maßnahmen bringen nichts. Es ist begründet, eine Strategie, die nicht aufgeht, zu beenden.

Interessanterweise kommt in Gesprächen hier auf einmal die Reaktion, man könne ja die Zahlen nicht vergleichen, denn es würde ja seit vor einem Jahr sehr viel mehr getestet. Die Perfidität dieses Arguments ist kaum zu überbieten. Denn die Hinweise darauf, dass die Inzidenzen zweier Wochen, zweier Bundesländer oder zweier Landkreise in keiner Weise vergleichbar sind, wurden und werden beflissentlich ignoriert. Es ist in unserem föderalen System, wo kaum zwei Behörden oder zwei Landkreise es schaffen zusammenzuarbeiten, kaum davon auszugehen, dass der Anteil der Testungen auf 100.000 Einwohner immer gleich gehalten wird. Nur durch die Zahlen der Negativ-Tests kann ein Verhältnis ermittelt werden. Die Zahlen der Negativ-Tests hätten auch stets darüber Aufschluss geben können, dass ggf. nicht nur die Positiv-„Fälle" anwachsen, sondern auch die Negativ-Getesteten. Das hätte den Panik-Effekt erheblich relativiert. Vielleicht war es ja aus diesem Grund nicht gewünscht.

Es wurden also die Zahlen der Positiv-Getesteten ohne ein Verhältnis zu den Negativ-Getesteten stets als absolute Größe behandelt, die Vergleichbarkeiten bieten sollen und als Begründung für die Maßnahmen dienen. Genau in dem Moment aber, wo diese Zahlen sich gegenteilig auslegen lassen und die Maßnahmen infrage stellen, wird auf einmal auf das Verhältnis zu den Gesamttestungen hingewiesen. Hier geht es offenbar nicht um Wissenschaftlichkeit, sondern um Willkür.

Ganz aktuell wurde durch den Gesundheitsminister Karl Lauterbach der Impfstatus der zweimal Geimpften als „vollständig geimpft" aufgehoben. Sie gelten von einem Tag auf den anderen nur noch als „grundimmunisiert". Der angeblich „alternativlose" Weg – Einschränkungen und Maskentragen, bis alle geimpft sind – erscheint unter diesen Jahrhunderte alten Erfahrungen mit den Grippewellen, als ein merkwürdiges Konstrukt. Heutzutage wird eine Impfpflicht diskutiert und von manchen Politikern gezielt vorbereitet, um diesen Weg, der angeblich unzählige Leben retten soll, durchzusetzen. Heißt das, alle Menschen sollen verpflichtet werden, sich alle drei Monate impfen zu lassen? Wann wird es denn so abstrus, dass wir endlich merken, dass wir uns grundsätzlich verrannt haben? Wann erwachen denn endlich wieder Augenmaß und Gesunder Menschenverstand, auf dass wir erkennen, dass die angebliche „Wissenschaftlichkeit", für die die „Experten" garantieren sollen, eine hohle Phrase ist? Was taugen „Experten", deren Empfehlungen sich alle paar Monate ändern (Nutzen des Maskentragens, Herdenimmunität bei welcher Impfrate, Status „vollständig geimpft"...)? Was taugen „Experten", die auf die einfachsten Fragen keine Antworten haben?

- Was unterscheidet das Verbreitungsmuster von SARS-Cov2 von dem der bisherigen Grippeviren?

- Warum sollen die Strategien, die heute angeordnet werden, auf einmal „alternativlos" sein, wenn sie doch bei den regelmäßigen Grippewellen der letzten Jahrhunderte auch nicht gebraucht wurden?

- Weshalb werden als Kriterium für die Einschränkungsverordnungen die Inzidenzen zwischenzeitlich zurückgedrängt, um das Augenmerk auf die Auslastung der Kliniken zu legen, um kurze Zeit später kommentarlos wieder zu den Inzidenzen zurückzukehren?

- Weshalb haben wir angeblich zwei Immunsysteme, die völlig entgegengesetzte Maßnahmen erfordern?

Die medizinische Wissenschaft unterteilt das Immunsystem in das unspezifische, angeborene Immunsystem und das spezifische, erworbene Immunsystem. Seit dem österreichischen Chirurgen und Geburtshelfer Ignaz Semmelweis (1818 – 1865) wissen wir, dass ein Chirurg sich vor der Operation die Hände waschen sollte, genauso wie ein Koch bevor er in die Küche geht. Reinlichkeit und Hygiene sind wichtige Bausteine für unsere Gesundheit.

Doch auch nicht mehr ganz neu ist die Erkenntnis, dass eine manische Verbannung aller Viren und Keime der direkteste Weg in die Krankheit ist und dass die gefährlichsten Keime gerade da heranwachsen, wo sie am schärfsten verfolgt werden: im Krankenhaus. Die Erfahrungen zeigen, dass die Kinder der „Sagrotan-Mütter", die ihren Kindern alles aus der Hand reißen, was sie sich direkt aus dem Sandkasten in den Mund stecken wollen, das schwächste Immunsystem haben und überdurchschnittlich anfällig sind für Infektionskrankheiten und Allergien. Für diese Manie der letztlich destruktiven Virenvermeidung gibt es einen eigenen Krankheitsbegriff: Mysophobie.

Wir wissen heute, das angeborene Immunsystem wird gestärkt und aufgebaut durch die Berührungen mit der Umwelt, durch Bewegung an der frischen Luft bei jedem Wetter, durch eine vitalstoffreiche Ernährung, die die richtige Darmflora unterstützt, durch den Kontakt mit Dreck – und ... durch den Kontakt mit den Mitmenschen. Die ständige Auseinandersetzung mit den uns umgebenden Keimen ist ein wichtiger Baustein für den Aufbau unseres Immunsystems. Die Begegnung mit ständig wechselnden Mitmenschen im beruflichen und kulturellen Leben ist daher genauso wichtig, wie die psychologische Untermauerung unserer sozialen Beziehungen durch Händeschütteln und Küssen. Das stärkt unser Immunsystem. Unser angeborenes, unspezifisches.

Natürlich geht dieser Prozess Hand in Hand mit dem Aufbau unseres spezifischen Immunsystems, unserem immunologischen Gedächtnis. Denn bei der ständigen Begegnung mit Keimen erfahren wir Infektionen, oder auch kaum spürbare „Mikro-Infektionen". Die Milde oder Heftigkeit der Symptome hängt ab von dem bereits aufgebauten Immunsystem und der Vergiftungsphase gemäß der Homotoxinlehre nach Dr. Reckeweg. Die Infektion an sich wird in diesem Prozess nicht als etwas Negatives gesehen, sondern als einen unverzichtbaren Baustein für die Entwicklung unseres Immunsystems, für die Erweiterung unseres „immunologischen Gedächtnisses". Das Virus selber ist immer nur der Auslöser, eine codierte Information, die gewisse Prozesse im Körper anregt, aber niemals selber die

Krankheitsursache sein kann. Niemand wäre bei den bisherigen Grippewellen auf die Idee gekommen, mit einem nicht aussagekräftigen Test unsymptomatische Menschen auf eine Infektion zu testen. Weil es einfach nichts zur Sache tut. Weder im Hinblick auf eine daraus abzuleitende Symptomatik beim Betroffenen, noch auf seine Ansteckungsgefährlichkeit für andere.

Das unspezifische und das spezifische Immunsystem war bisher eine hypothetische Unterteilung. Es war immer klar, dass das Immunsystems des Menschen natürlich eine EINHEIT bildet. Der Aufbau des Immunsystems war immer ein homogener Prozess, wenn auch natürlich die Menschen unterschiedliche Schwerpunkte setzten. Die einen meinten diesen Prozess eher durch Salateessen und Joggen im T-Shirt bei Schmuddelwetter zu unterstützen, die anderen eher durch die ein oder andere Impfung. Wir wussten um die Inkonsequenzen in unserer Lebensführung und konnten sie dennoch nicht immer abstellen. Das ist menschlich.

Durch die politischen Botschaften während der Corona-Pandemie hat hier jedoch eine „babylonische Verwirrung" stattgefunden. Natürlich bedeutet der angesprochene homogene Aufbau-Prozess eines einheitlichen Immunsystems auch in bezug auf Corona eine „Durchseuchung", wie sie bei jeder Grippewelle stattgefunden hat, und, versteckt und unbeobachtet, natürlich auch heute noch ständig in bezug auf die verschiedenen Grippeviren stattfindet. Dieses Wort „Durchseuchung" erscheint leider vielen Menschen als zu hart, als „politisch unkorrekt". Eine solche Einstufung ist kurzsichtig und dumm, weil es nunmal einfach der bewährte Verlauf der Natur ist. – Und ständig stattfindet! Um Menschenleben zu schützen, müssen wir durch eine Gesunde Lebensführung einen höheren Gesundheitsstatus erreichen. Von denen, die dazu nicht bereit sind, werden die schwersten Fälle hinweggerafft. Wenn nicht durch das eine Virus, dann eben durch ein anderes. Das zu leugnen und alles auf ein bestimmtes Virus zu schieben, mag zwar politisch korrekt sein, es beschreibt eben nur leider nicht die Wirklichkeit des Lebens.

Aufgrund dieser politischen Befindlichkeiten hat man nun begonnen, unser Immunsystem auseinanderzureißen. Man will das immunologische Gedächtnis, das sich in bezug auf SARS-CoV2 noch nicht aufbauen konnte, schützen, indem man das unspezifische Immunsystem opfert und uns alle unter eine Glasglocke setzt. Die Regierung wird zur „Sagrotan-Mutter". Die Möglichkeit der Durchseuchung wird tabuisiert, hohe Inzidenzen werden als schlecht bewertet. Vielleicht wird es hier deutlich, dass diese Bewertung willkürlich ist. Hohe Inzidenzen könnten im Sinne des Aufbaus unseres Immunsystems auch durchaus als Fortschritt gewertet werden, erst recht wenn bekannt ist, dass die meisten „Infizierten" (die Tests, auch der PCR-Test, können nicht wirklich eine Infektion nachweisen, sondern liefern nur einen unsicheren Verdacht) nur schwache oder gar keine Symptome aufweisen.

Die Impfung wird uns als Ausweg angepriesen, aber erst, NACHDEM wir der natürlichen Möglichkeit systematisch beraubt wurden, unser Immunsystem durch Ansteckung weiter aufzubauen. Wenn wir dann alle geimpft sind, dürfen wir uns auch wieder um unser unspezifisches Immunsystem kümmern.

Im Folgenden wird gezeigt, dass wir natürlich im Endeffekt unser GANZES Immunsystem verlieren, wenn wir das eine gegen das andere ausspielen wollen, WEIL unser Immunsystem natürlich EINS ist. Die Untergrabung unserer allgemeinen Immunabwehr geschieht auch direkt durch die Impfungen, das geht aus neuen offiziellen Beobachtungen hervor.

„Entwickeln die vollständig Geimpften das erworbene Immundefektsyndrom (=AIDS!) viel schneller als erwartet?

Die neuesten Zahlen des britischen PHE-Impfüberwachungsberichts (PHE = Public Health England) *zu Covid-19-Fällen zeigen, dass doppelt geimpfte 40- bis 79-Jährige 44 % ihrer Immunität verloren haben. Ihr Immunsystem verschlechtert sich um etwa 5 % pro Woche (zwischen 3,8 % und 9,1 %). (...) Wenn dies so weitergeht, werden die 30- bis 59-Jährigen bis Weihnachten keinerlei Covid-/Virusabwehr (und vielleicht eine Form des erworbenen Immunschwächesyndroms) haben, und alle doppelt geimpften Menschen über 30 werden bis Januar nächsten Jahres den Teil ihres Immunsystems, der Covid-19 bekämpft, vollständig verloren haben.“*[8]

Die Opferung des allgemeinen Immunsystems vermeintlich zugunsten des spezifischen ist eine ganz neuartige Strategie und keinesfalls auf Robert Koch zurückzuführen oder ein seit vielen Jahren bewährter Ansatz. Wenn diese merkwürdige, völlig unnatürliche Sichtweise und Strategie, als die einzige, alternativlose „Wissenschaftlichkeit“ dargestellt wird, dann muss man die Bevölkerung fragen, warum sie nicht mehr Fragen stellt.

Und die „Experten“, was sie eigentlich studiert haben!!!

---

[8]   www.dtlv.co/entwickeln-die-vollstaendig-geimpften-das-erworbene-immundefektsyndrom-viel-schneller-als-erwartet   / (21.10.2021)

Mega-Vitamin-Gaben

Der Hauptgrund, weshalb die Vireninfektionen in den dunklen Monaten des Jahres zunehmen und im Frühjahr wieder abnehmen, liegt bei der Vitamin-D-Produktion. Vitamin D ist ein wichtiger Faktor für unsere Immunabwehr. Es wird über unsere Haut bei Sonneneinstrahlung gebildet. Nimmt das Licht ab, wird weniger Vitamin D gebildet.

Es ist nicht weit hergeholt, dass wir durch Vitamin-D-Gaben unseren Körper unterstützen. Tatsächlich können Mega-Gaben dieses Vitamins sowohl präventiv als auch therapeutisch eingesetzt werden. Gleiches gilt für Vitamin C.

Zahlreiche Veröffentlichungen belegen, dass es bereits äußerst positive Erfahrungen von Ärzten gibt, die diese Möglichkeiten anwenden. Das wird hier wieder nur deshalb nicht verbreitet, so dass jeder Mensch davon profitieren kann – weil eben auch hier natürlich nicht die Pharmaindustrie profitiert. Wenn diese Möglichkeiten bekannt werden, haben viele Forscher ausgeforscht, die noch nach Heilmitteln suchen. Die Verdienstmöglichkeiten halten sich in Grenzen, weil keine Patentierung vorgenommen werden kann. Daher interessiert sich die Pharmaindustrie nicht dafür. Doch warum interessiert sich unsere Regierung nicht dafür???

Wenn es also den führenden Politikern ein Anliegen ist, zu zeigen, dass man etwas TUT, wenn sie der Auffassung sind, dass eine Gesunde Lebensweise nun auf einmal nicht so rasch zu vermitteln ist, dass die Effekte zur Bewältigung der Krise beitragen (warum probiert man es nicht einmal?), warum errichten sie dann nicht Booster-Zentren für Mega-Vitamine? Wenn uns psychologisch das Ritual so wichtig ist, sich eine Spritze abzuholen, damit man das Gefühl hat, etwas getan zu haben (man geht durch einen Schmerz, man bringt ein Opfer…) – warum füllt man die Spritzen nicht einfach mit höchst effektiven Mega-Vitamin-Gaben??? Hier haben wir sichere schnelle Effekte, die sich in den Statistiken niederschlagen, hier umgehen wir einen „Weltanschauungsstreit" bezüglich des „Impfens" mit einer Gentherapie, hier haben wir eine sehr viel höhere Sicherheit vor eventuellen Nebenwirkungen! Und hier spart die Öffentliche Hand sehr, sehr viel Geld!

Warum bietet man das nicht wenigstens als Alternative an für jene, die sich nicht impfen lassen wollen – regelmäßige Vitamin-Booster durch die Spritze? Man könnte die Effekte vergleichen mit jenen, die sich impfen lassen. Man könnte – wenn man denn wirklich so von der Impfung überzeugt ist, mit Zahlen belegen, wie viel effektiver die Impfung ist.

Mir fallen wirklich nur zwei Gründe ein, weshalb man das nicht tut:

- Der Vergleich könnte für die Impfungen negativ ausfallen.

- Es liegt gar nicht im Interesse der Öffentlichen Hand, sehr, sehr viel Geld zu sparen.

Wichtig ist, festzustellen: Die Behauptung, die Impfungen wären „alternativlos", ist einfach ein Märchen. Die, die sie aufstellen, haben sich einfach nicht informiert oder rechnen nicht damit, dass die Bevölkerung es tut. Wenn sich die gleichen Politiker dann hinstellen und mehr „Aufklärung" fordern (natürlich immer im Hinblick auf die Impfungen), wirkt das besonders befremdlich.

Ernährungsumstellung

Hier haben wir den Königsweg für den Aufbau unseres Immunsystems. Unsere Ernährung ist die Grundlage unseres Stoffwechsels. Von Natur aus sind wir für eine bestimmte Ernährung programmiert. Folgen wir der Natur, dann benötigen wir natürlich auch keine Mega-Vitamin-Gaben. Das ist nur eine Krücke, eine funktionierende Krücke, eine sehr effektive Krücke, aber eben nur eine Krücke. Unsere „Reinigungsphase", gemäß der Homotoxinlehre nach Dr. Reckeweg, wird maßgeblich durch die Ernährung beeinflusst. Durch die Ernährung bereiten wir den Nährboden, von dem es heißt:

„Der Keim ist nichts, der Nährboden ist alles."

Claude Bernard (1813 – 1878)

Nicht einmal im Medizinstudium nimmt die Ernährungslehre einen größeren Raum ein. Dabei sollte bereits in der Schule darauf aufmerksam gemacht werden. Unser Staat hat das Thema stets sehr stiefmütterlich behandelt, und hat die Landwirtschaftssubventionen zum Beispiel stets so gestaltet, dass eine umwelt- und gesundheitsschädigende Ernährung am meisten profitiert.

Für die Nachkriegszeit, wo der Wohlstand über Zahlen definiert wurde, ist das durchaus verständlich. Spätestens aber seit den 70er Jahren wird deutlich, dass unser Wohlstand sich durch einen immer größer werdenden Konsum nicht steigern lässt, dass wir nur durch einen gesteuerten, naturgemäßen Konsum uns unsere Gesundheit erhalten können. WANN wachen unsere Regierungen endlich auf und beziehen das in ihr Handeln mit ein?

Der christliche Heilstrom

Der christliche Heilstrom, die christliche Erlöserkraft, ist immer da, allgegenwärtig. Wir können uns darauf ausrichten und durch tägliche Übung daran teilhaben. Es ist das „Lebenselixier" aus dem „Gral", es ist die Heilkraft unseres Inneren Arztes und Heilers.

Es mag sein, dass es sich dabei um esoterisches Wissen handelt, das nicht allen Menschen geläufig ist. Gleichzeitig aber ist es die Kraft, die uns am Leben erhält und letztlich jede Gesunderhaltung und Heilung erst ermöglicht.

Nicht alle Menschen wissen davon oder glauben daran. Die aber, die sich Christen nennen, sollten in der Lage sein, auf dieses Wissen zurückzugreifen, erst recht in einer „pandemischen Notlage", erst recht, wenn dieses Wissen so dringend benötigt wird.

Von den Politikern, die sich „christlich" nennen, hat keiner auf den christlichen Heilstrom hingewiesen. Im Gegenteil, haben sie ihn ausdrücklich verleugnet, indem sie die Impfungen als „alternativlos" hinstellten. Weil sie von ihm nichts wissen? Oder weil sie ihn nicht ernst nehmen und verleugnen? – In beiden Fällen muss man sich fragen, wie es um unser Christentum in dieser Gesellschaft bestellt ist, und was dieses „Etiketten-Christentum" überhaupt noch soll. Wann wir den „christlichen" Politikern der Hahn krähen?[9]

---

[9] Mehr über den christlichen Heilstrom in:
Sebastian Stranz, *„Yeshuas Heilstrom"*, Norderstedt, 2021

Immunsystem und Positives Denken

Als Unterstützung und Untermauerung für die Wichtigkeit eines Umdenkens, seien in diesem Exkurs die Prinzipien Positiven Denkens angewandt auf das Thema des Gesundheitsaufbaus, bzw. der Krankheitsbekämpfung.

In allem gibt es zwei Strategien: das Unerwünschte bekämpfen oder das Erwünschte bestärken. Die Energien unserer Bestrebungen gehen entweder in das eine oder in das andere.

Das geht aus den Gesetzmäßigkeiten des Positiven Denkens hervor:

1.) Wir verstärken das, worauf wir unsere Aufmerksamkeit richten.

2.) Unser Unterbewusstsein kennt keine Verneinung.

3.) Unser Unterbewusstsein arbeitet in Bildern.

Alles folgt der Aufmerksamkeit. Wer ständig über Krankheiten spricht, bestärkt damit die Krankheiten. Wer über Maßnahmen der Gesundheit spricht, über gesunde Rezepte oder über sportliche Aktivitäten, der bestärkt damit die Gesundheit. Das ist keine Hexerei, sondern das ist das Gesetz des Lebens.

Wer der Armut entfliehen will und ständig über seine Armut jammert, der wird keinen Erfolg haben. Wer dankbar ist für die kleinen Erfolge auf dem Weg zum Wohlstand, der zieht immer größere Erfolge an.

Mutter Teresa wurde gefragt, ob sie an einer Anti-Vietnam-Kriegs-Demo teilnehmen wolle. Sie antwortete, „nein, aber wenn es eine Demo FÜR den Frieden gibt, dann können sie mich gerne wieder ansprechen". Mutter Teresa hat das Prinzip verstanden.

Vor Jahren gab es in Deutschland eine Kampagne „Keine Macht den Drogen". Auf großen Plakaten wurde mit Bildern von Michael Schumacher und Boris Becker geworben. Die Kampagne wurde stillschweigend wieder aufgegeben. Warum? Sie hat nichts gebracht, es gab keine Erfolge, die Macht der Drogen wurde nicht kleiner, sondern größer. Das Prinzip ist bekannt, und immer mehr Werbepsychologen befassen sich damit und wenden es an.

In der Politik der Nationen und der Rassen haben sich die Feindbilder erledigt: der Franzose, der Pole, der Russe, der Jude... Wir brauchen diese Feindbilder nicht mehr, sie haben sich überlebt. Es ist durch die Geschichte der Kriege und Verfolgungen nur allzu sichtbar geworden, dass der Kampf gegen die „Feinde" stets auch das gleiche Leid über die eigene Nation und die eigene Rasse bringt. Der Kampf um die Verschiebungen der Grenzen hat nicht wirklich etwas gebracht. Diese Feindbilder lassen sich der Bevölkerung nicht mehr verkaufen. Leider ist Deutschland aber nach so vielen Jahren nach dem letzten Weltkrieg immer noch nicht so weit, dass es die Kehrwendung vollzieht: Statt GEGEN andere Nationen zu sein, FÜR das eigene Land und die eigene Kultur einzustehen, seine EIGENE Identität zu entdecken. Den Deutschen fehlt bis heute das, was ihnen nach dem 2. Weltkrieg systematisch genommen wurde: ihre eigene Identität. Das entstandene Vakuum wird sichtbar, wo man sich begierig auf neue Feindbilder stürzt: die letzten Vertreter kommunistischer Systeme auf diesem Planeten, wie etwa Nordkorea, oder die Flüchtlinge. Natürlich genügen diese Feindbilder lange nicht, um die eigene Identität wieder zu definieren. Es bleibt ein Vakuum.

In der Politik sind Feindbilder immer sehr opportun: Wer GEGEN etwas kämpft, statt FÜR etwas, der ist weniger messbar. Wer FÜR etwas kämpft, sollte nach einer gewissen Zeit Erfolge vorweisen. Wer GEGEN etwas kämpft und dann doch keine Erfolge liefert, kann die Schuld immer auf den „Feind" schieben. Also auch ohne jede diktatorische Absicht sind Feindbilder für Politiker immer verführerisch. Sie sichern eher das eigene politische Überleben als positive Ziele. Diese Mechanismen können nur überwunden werden, wenn immer mehr Menschen sie durchschauen.

Für Diktatoren aber sind Feindbilder unerlässlich: Durch sie sind die diktatorischen Maßnahmen gerechtfertigt. Natürlich bedarf auch eine Diktatur einer Rechtfertigung, zumindest vor der eigenen Armee. Die Unterstützung durch die Armee kann sich der Diktator nur sicher durch ein Paradigma der Bekämpfung eines bösen „Feindes". Für Nordkorea oder Iran ist das Amerika und der dekadente Westen.

Feindbilder sind also nützlich aus mindestens drei Gründen:

1.) Sie geben einen Zusammenhalt, solange eine positive eigene kulturelle und spirituelle Identität zu schwach ausgeprägt ist.

2.) Sie helfen Politikern sich zu profilieren und ihre Macht zu stabilisieren.

3.) Sie legitimieren diktatorische Maßnahmen.

Es ist verständlich, dass beim neuen „Feind" Corona-Virus (es wurde bereits sehr früh von einem „Krieg" gesprochen), Verschwörungstheorien aufkommen. Dabei geht es weniger um Punkt 1 und 2, als um Punkt 3: um die Errichtung einer neuen Diktatur. Es ist aber gar nicht notwendig, den Politikern solche

Absichten zu unterstellen, um zu erkennen, dass die derzeitige Strategie schädlich und unnütz ist. Sehr viele Politiker handeln ganz bestimmt nach bestem Wissen und Gewissen und haben nichts im Sinn, als den „bösen Feind" Corona-Virus „zu besiegen", um die Bevölkerung zur Gesundheit und zu einer Wiederherstellung der Normalität zu führen.

Dabei sind sie beeinflusst von einem „Gesundheitssystem", das diesen Namen nicht verdient. Hier geht es so gut wie gar nicht um den Aufbau von Gesundheit. Gesundheit wird nur als das Fehlen von Krankheit definiert, die Aktivitäten des „Gesundheitssystems" drehen sich infolgedessen fast ausschließlich um die Bekämpfung von Krankheiten. Es sollte eher „Krankheitsbekämpfungs-System" genannt werden. Dass die Prinzipien des Positiven Denkens tatsächlich wirken, ist an den Ergebnissen dieser Anstrengungen ablesbar: Obwohl jährlich mehr Milliarden in das „Gesundheitssystem" gesteckt werden – 390,6 Milliarden Euro im Jahr 2018 in Deutschland[10] – sind die chronischen Erkrankungen weiter auf dem Vormarsch: Arthrose, Osteoporose und andere rheumatische Erkrankungen, Diabetes und Krebs. Nach wie vor stehen über die Hälfte aller Todesfälle im Zusammenhang mit erhöhtem Bluthochdruck. Trotz dieser unglaublichen Ausgaben, steigt nicht das Gesundheitsniveau in der Bevölkerung.

Wir können immer behaupten, unsere Anstrengungen sind noch nicht groß genug, um den „Feind" zu besiegen. Oder aber wir kommen irgendwann an den Punkt, wo man zu der alten indianischen Weisheit findet:

---

[10] Statistisches Bundesamt 2020

„Wenn dein Pferd tot ist, steig ab!"

Man müsste es sich endlich einmal eingestehen, dass die Strategie an sich falsch ist. Das würde in bezug auf die Gesundheit bedeuten, statt die Krankheiten „zu bekämpfen" endlich die Maßnahmen für den Aufbau der Gesundheit zu fördern: Aufklärung über gesunde Ernährung (nicht einmal im Medizinstudium wird sich tiefergehend damit auseinandergesetzt!), Förderung von sportlicher Betätigung, Förderung von Meditation als Gegengewicht zum Stress im modernen Arbeits- (und Familien-) leben, Förderung von Kursen über gesunde, aufbauende Kommunikation mit den Mitmenschen und über Positives Denken… Anstatt dessen steckt der Staat sein Geld immer noch lieber in Krankenhäuser, Altenheime und die Pharmaindustrie.

Der Staat steckt heute immer noch immense Summen in wissenschaftliche Forschung zur Bekämpfung von Bluthochdruck, Diabetes und Arthrose. Dabei gibt es für diese Krankheiten bereits bewährte Heilungsansätze[11]. Die Ziele der Forschung wurden bereits erreicht! Jedoch anders als erwartet. Leider kann die Pharmaindustrie an diesen Heilungsansätzen nichts verdienen, weil sie auf Ernährungsumstellung beruhen. Könnte das der Grund dafür sein, dass der Staat diese Ansätze nicht unterstützt und nicht Forschungen finanziert, die diese Richtung aufgreift?

---

[11] Dr. Johann Georg Schnitzer, *„Bluthochdruck heilen"*
Dr. Johann Georg Schnitzer, *„Diabetes heilen"*
(beide Schnitzer Verlag)
Eckhard K. Fisseler, *„Arthrose – Der Weg zur Selbstheilung"*
(Hans Nietsch Verlag

Unsere Gesellschaft ist heute immer noch nicht an dem Punkt, wo im Bereich der Gesundheit das Feindbild-Denken überwunden ist. Aufgrund des Vakuums in der eigenen Identität und aufgrund der Mechanismen im politischen Überleben, bietet sich daher das Feld der Gesundheit ideal an, um „endlich wieder ein Feindbild zu haben".

Dabei gibt es ein alternatives Denken zum Umgang mit Gesundheit und Krankheit schon sehr lange. Der französische Mediziner Claude Bernard, 1813-1878, formulierte:

„Der Keim ist nichts, der Nährboden ist alles."

Das ist ein Denken, das entgegengesetzt ist unserem derzeitigen politischen Ansatz im Umgang mit dem Corona-Virus. Das ist allerdings auch ein Denken, das völlig konform ist mit den Prinzipien des Positiven Denkens. Denn es führt dahin, den Focus auf „den Nährboden" zu legen, also auf den Menschen selbst. Der Mensch wird dadurch wieder in die Mitte gerückt.

Anstattdessen kreisen unser Denken und unser Handeln derzeit um das Virus. Der Mensch müsse „Opfer bringen". Das ist der Mechanismus des Feindbildes. Der Mensch tut Dinge, die ihm selber schaden, was ja vollkommen unlogisch wäre – wäre da nicht „der Feind". Heutzutage wäre in Deutschland keiner mehr zu mobilisieren, die Nachbarländer militärisch anzugreifen. Wären die Polen oder die Franzosen unsere „Feinde", dann würde es wohl sehr viele Deutsche geben, die bereit wären Opfer zu bringen, um diese zu bekämpfen. Dass am Schluss keiner wirklich etwas davon hat, dass ein Krieg nur Verlierer erzeugt, ist – zum Glück – heute bei sehr vielen Menschen endlich angekommen.

Also bringen wir heute Opfer im Kampf „gegen das Virus". Leider gibt es heute in der Gesellschaft zu wenige Menschen, die FÜR etwas bereit sind, ihre Kräfte zu mobilisieren und in den Kampf zu treten, etwa für eine deutschnationale Identität, oder für die Religion oder für die Gesundheit. Das erste ist verpönt – weil aufgrund der deutschen Vergangenheit immer noch das Missverständnis anhält, für Deutschland zu sein müsse sich immer gegen andere richten (was nur im Fußball erlaubt ist). Die anderen beiden Bereiche gelten den Menschen als zu schwach, als nicht wissenschaftlich, als nicht wirklich effizient. Unser wissenschaftlich-materialistisches Weltbild kann die Wirkmechanismen der Religion oder einer Immunsystem-aufbauenden Gesundheitsvorsorge nicht vollumfänglich erklären und begründen. Anstatt nun einzusehen, dass ein lediglich wissenschaftlich-materialistisches Weltbild nicht ganzheitlich ist, dass ihm etwas fehlt, und anstatt es zu erweitern – berauben wir uns selber der positiven aufbauenden Kräfte: Wir verlegen uns nach all den Kriegen weiterhin auf den Kampf gegen Feindbilder. Jetzt eben auf gesundheitlichem Gebiet.

Nach dem 2. Weltkrieg hat der Gesundheitslehrer Are Waerland in Deutschland eine Aufklärungskampagne gestartet und hielt 1949 seinen ersten Vortrag in Deutschland in der Amerika-Gedenk-Bibliothek in Berlin. Er lehrte, wie sich der Mensch durch ein Sich-Einfügen in die Gesetze der Natur gesund erhält, und bei einer Erkrankung auch wieder heilen kann. Seine Ernährungs-Aufklärung fand nach den Zeiten der Entbehrung durch den Krieg nur wenige Anhänger: Speckessen und Massentierhaltung, Milchreis und Cremetoren waren den Menschen wichtiger als die Aufklärung über eine gesunde vegetarische Vollwerternährung. Leider übte der Staat nicht die Rolle aus, die Bestrebungen der monetär interessierten Lebensmittelindustrie einzudämmen und die Gesundheit der Bevölkerung zu schützen. Er unterstützte seitdem nicht Gesundheitsaufklärung, sie findet bis heute nicht an den Schulen statt, bei den „Gesundheitsämtern" gibt es bis heute keine staatlich finanzierten Stellen für Gesundheitsberater, die die Bevölkerung kostenlos konsultieren könnte.

Heute sind die Werke Are Waerlands vergriffen und werden nicht mehr aufgelegt[12]. Der nur einer Minderheit bekannte Waerland-Bund dümpelte die letzten Jahre nur noch vor sich hin und wurde zu Ende 2020 aufgelöst.

Es ist die Strategie des Staates, statt biovegane Landwirtschaft und Gesundheitsaufklärung lieber Massentierhaltung und Krankheitsbekämpfung zu fördern. Es wird das gefördert, was nicht nur der Volksgesundheit schadet, sondern auch Ressourcen verschwendet und vergiftet – Boden und Grundwasser – und was dem Klima schadet. Anstatt dass der Staat also die Rolle eines Regulativs einnimmt, um die Bestrebungen einer Lebensmittelindustrie einzudämmen, die die Gesundheit der Menschen mit Füßen tritt und sie mit ihrer Werbung manipuliert, haben wir seit Jahrzehnten eine Politik, die sich voll auf die Seite von wirtschaftlich starken Lobbys schlägt und damit sowohl die Umwelt als auch die Gesundheit der Bevölkerung verrät. Sollte der

---

[12] das Hauptwerk Are Waerlands:
„Befreiung aus dem Hexenkessel der Krankheiten" und
„Der Weg zu einer neuen Menschheit",
Humata Verlag.
Beide – wie die anderen Bücher der Waerland-Literatur auch, sind vergriffen, werden nicht mehr nachgedruckt und sind nur noch antiquarisch erhältlich.

Staat nicht ein Regulativ sein, das die öffentlichen Interessen gegen die wirtschaftlichen Interessen verteidigt?

Und nun kämpfen wir „gegen das Virus".

Es ist kein Unfall der Geschichte, wo halbinformierte Politiker es zu gut mit uns meinen. Es ist der Gipfelpunkt von jahrzehntelangen Entwicklungen. Die ganze Strategie des „Kampfes gegen das Virus" folgt der Logik der jahrzehntelangen Entwicklungen in der Gesundheits- und der Wirtschaftspolitik.

Es ist der Gipfelpunkt von jahrzehntelangen FEHL-Entwicklungen.

Das Paradigma des Feindbildes auf gesundheitlichem Gebiet ist in der Bevölkerung verfestigt. Ein Denken ist heute üblich, wo man, statt Gesundheit aufzubauen, Krankheiten bekämpft. Die Gegenbewegung ist noch lange nicht der Mainstream, es ist noch der Weg der Wenigen, der Weg von Pionieren für ein neues Paradigma, das die Einheit erkennt von gesunder Lebensweise, gesundem Menschen und gesundem Planeten.

Die einschränkenden Maßnahmen bewegen sich noch im alten Paradigma. Dieses stellt nicht den Nährboden – den Menschen! – in den Mittelpunkt der Bestrebungen, sondern den Keim – SarsCov2. Der Mensch wird durch die Maßnahmen an die Wand gedrückt: Schüler verlieren noch mehr den Bezug zur Schule, obwohl das für viele Schüler schon vor Corona ein Problem war, den Wert von Bildung zu erkennen. Alte sterben einsam in den Altenheimen. Lungenkranke, die sonst hätten in Frieden zuhause oder im gewohnten Altenheim sterben können, werden nach einer positiven Diagnose an ein Beatmungsgerät auf einer Intensivstation angeschlossen. Sie sterben meistens trotzdem und die Intensivstationen gelten als überlastet. Ein sinnloser Vorgang – Opfer auf dem Altar des Corona-Gottes… Arbeitslose, die endlich eine Perspektive in einer konkreten Firma finden, können nicht eingestellt werden, weil ein neuer Lockdown die Firma lahmlegt. Die Branche gilt nicht als systemrelevant… Ist es aber nicht systemrelevant, wenn Menschen statt vom Staat zu leben endlich wieder selber für sich und ihre Familien sorgen wollen??? Das Maskentragen und die Ausgangsbeschränkungen nehmen die Freude am Leben.

Die Menschen werden an die Wand gedrückt.

Einzige Rechtfertigung für diese Maßnahmen: Positive Corona-Tests. Denn auch die „Corona-Toten" sind ja nur Verstorbene, die positiv auf SarsCov2 getestet wurden, sie sind in der Regel MIT dem Virus gestorben und NICHT AN dem Virus. Unsere Politik weiß also sehr wohl, dass die wahren Ursachen und Gründe unserer todbringenden Krankheiten ganz woanders liegen! Bei all den Zahlen der positiv Getesteten, die täglich in den Medien verbreitet werden, werden ganz wichtige Zahlen verschwiegen: natürlich die Zahlen der negativ Getesteten! Denn nur, wenn man beide Zahlen zueinander in Beziehung setzt, ist ablesbar, inwieweit es eine Verringerung der Zunahme der Positiv Getesteten gibt („Positiver Test" bedeutet weder todgeweiht, noch krank, noch überhaupt den Nachweis einer Infektion!).

Da es immer falsch-positive Ergebnisse geben wird, gibt es ein „Hintergrundrauschen" bei den Tests, d.h. ein Anteil von 0,5% bis 1% von Positiv Getesteten. Dieser Anteil wird immer auftreten und drückt sich natürlich umso höher in absoluten Zahlen aus, je mehr getestet wird.

Wie soll dann die „Pandemie" je an ihr Ende kommen"?

Apropos „Pandemie": Das Statistische Bundesamt weist für 2020 gegenüber 2019 keine erhöhte Sterblichkeit aus. Die Grippetoten im Frühjahr und Herbst – bezogen auf die Influenza-Viren – haben 2018 und 2019 ganz ähnliche Peaks in den Sterbekurven produziert wie die „Corona-Toten" in 2020. Hier schließen sich zwei Fragen an:

- Gab es denn 2020 keine Influenza-Toten?

- Wären nach den aktuellen Erklärungsmustern die derzeitigen Maßnahmen nicht jedes Jahr und dauerhaft gerechtfertigt?

Keiner kann das wirklich wollen. Außer denen, die eine Diktatur errichten wollen. Den allermeisten Politikern kann man gute Absichten unterstellen. Sie haben noch nie über eine Diktatur nachgedacht – sowenig wie sie über den Aufbau von einer Volksgesundheit nachgedacht haben. Sie handeln einfach im Einklang mit dem gängigen Paradigma. Daher muss ihnen aufgezeigt werden, wohin ihre derzeitige Logik der Einschränkungen führt: Es wird den Punkt nicht geben, wo wir nicht von einem Virus bedroht sind. Es gibt ständig Mutationen des „Corona-Virus" – wie ja überhaupt der „Corona-Virus" selber eine Mutation ist. Es gibt ja schon lange Corona-Viren. Nach SarsCov2 kommt SarsCov3 – undsoweiter!

Wer für seine Gesundheit nicht auf ein gesundes Immunsystem baut, sondern auf Impfungen, der wird ewig weiterimpfen müssen – und sich weiterhin vor den Viren verstecken müssen in der Lebensweise eines krankhaften Mysophobikers, die uns heute aufgezwungen wird.

Wenn endlich wieder der Mensch in die Mitte gestellt wird, kümmern wir uns wieder um den Aufbau eines gesunden Immunsystems!

Die liberale pluralistische Gesellschaft

Seit über 40 Jahren beschäftige ich mich mit Gesunder Lebensweise, lerne dazu in Theorie und Praxis. In bezug auf Corona weiß ich, dass ich nicht untätig bin. Ich werde zwar nicht dadurch aktiv, indem ich alle paar Monate vor einem Arzt die Schulter frei mache. Sondern ich werde aktiv, indem ich TÄGLICH Opfer bringe. Die Corona-Krise, die Bedrohung durch das Virus, nehme ich sehr ernst. Das führt dazu, dass ich mich täglich bemühe, noch konsequenter zu sein in meiner Gesunden Lebensweise, in meiner Ernährung und in meinen regelmäßigen Heil-Meditationen. Denn ich möchte der Bedrohung etwas entgegensetzen. Denn ich bin mir vollkommen sicher darüber, dass nicht etwa die Impfungen die Grundlage sind, und die Gesunde Lebensweise wäre eine kosmetische Zutat. Sondern es ist genau umgekehrt: Die Gesunde Lebensweise ist die Grundlage, und die Impfungen sind, bestenfalls, eine kosmetische Zutat. Kein „Experte" kann die logischen Schlussfolgerungen des gesunden Menschenverstandes aushebeln.

Dennoch bin ich mir dessen bewusst, dass es in meiner Weltanschauung sicherlich noch so manche fehlerhafte Bausteine gibt, die korrigiert werden müssen, dass mir noch viele Bausteine fehlen, um zu einer übergreifenden Gesundheitsschau zu gelangen. Obwohl ich seit über 40 Jahren Vegetarier bin und weiß, dass das Fleischessen die Böden belastet, das Grundwasser und das Klima, dass es überdies den Pflegekörper und das Gesundheitswesen unseres Landes belastet – wie ich es als Pfleger am eigenen Leib erlebt habe – bin ich doch schon vor Jahrzehnten zur der Schlussfolgerung gelangt, dass die Selbstbestimmung über diesen „vernünftigen" Gründen steht, dass das Solidarsystem unseres Gesundheitswesens und die Grundlagen unserer pluralistischen Gesellschaft dadurch nicht ausgehebelt werden dürfen. Ich habe es in nicht immer einfachen Prozessen gelernt, jeden Menschen mit seiner Lebensweise zu respektieren, weil der freie Wille des einzelnen ein so großes Gut ist, dass er auch geschützt werden muss, wenn die Allgemeinheit bis zu einem gewissen Grad daran zu tragen hat.

Wenn mir dann heute Impfbefürworter begegnen, die mir unverblümt mitteilen, sie seien es leid, mit „Schwurblern" Argumente auszutauschen, dann hat das eine platte Dreistigkeit, die mir die Sprache verschlägt. Die Impfgegner sollten sich doch endlich mal den „vernünftigen Argumenten" fügen, „Solidarität" zeigen und „etwas für die Allgemeinheit beitragen". Alle meine Argumente wollen offenbar nicht gehört werden, und mir bleibt nur, auf mein Recht der Selbstbestimmung zu verweisen. Wenn Andersdenkende als Nichtdenkende bezeichnet werden – auf nichts anderes läuft der Begriff „Schwurbler" hinaus – dann ist das das Ende des Zuhörens, das Ende des Austausches, das Ende unserer liberalen pluralistischen Gesellschaft. Hier ist die Weiche, wo der Weg zum Überwachungsstaat eingeschlagen wird, wo es nicht mehr Argumente und Selbstbestimmung gibt, sondern wo die Vorgaben der Regierung als „alternativlos" unter Strafandrohung durchzuführen sind. Das ist das Ende der intellektuellen Meinungsvielfalt, das Ende des kritischen Denkens in den Medien und in der Bevölkerung. Und auch das Ende der Demokratie. Um die Argumente eines Andersdenkenden zu respektieren, muss ich sie nicht immer verstehen. Ich muss nur verstehen, dass die Menschen verschieden sind, und dass sie das Recht haben, verschieden zu sein. Ein Leidender an der „Hannelore-Kohl-Krankheit" ist lichtsensitiv, er leidet am

Tageslicht. Ich kann das nicht verstehen oder nachvollziehen. Es würde mir dennoch nicht einfallen, diese Menschen als „Nachteulen" zu bezeichnen. Das gebietet mir der Respekt vor dem Mitmenschen und der Respekt vor dem Leiden. Wenn aber Menschen Strahlen- und Elektrosmog-sensitiv sind, dann meint unsere Gesellschaft heute, es wäre ein Zeichen ihrer Überlegenheit, diese „Abweichler" als „Aluhut-Träger" zu bezeichnen. Wenn man meint, man müsse den Respekt vor dem Leiden nicht aufbringen, wenn dieses Leiden nicht dem eigenen Weltbild entspricht, haben wir eine gefährliche Verrohung in der Diskussion. Diese Verrohung bringt die Diskussion letztendlich zum Erliegen. Der Begriff „Aluhut-Träger" drückt exemplarisch die Nichtbereitschaft aus, sich auf die Wahrnehmungswelt des Mitmenschen einzulassen, oder sie wenigstens ernst zu nehmen und zu respektieren. Es wird sich rächen, wenn die Strahlenschäden immer mehr Menschen betreffen.

Wir stehen an einem Scheideweg. Das heißt, die Corona-Krise und die aufkommenden Diskussionen über eine Impfpflicht bergen auch eine große Chance: Die Chance, sich der Grundlagen unserer Gesellschaft wieder bewusst zu werden, die Chance zu erkennen, dass sich die Stärke einer Gesellschaft nicht darin zeigt, Andersdenkende gleichzuschalten und Minderheiten zu belächeln. Die Stärke einer Gesellschaft zeigt sich nicht nur darin, dass sie Andersdenkende zähneknirschend akzeptiert. Sondern eine wirklich starke Gesellschaft begreift die Meinungsvielfalt als eine Bereicherung und behält sich die Bereitschaft, einander zuzuhören und voneinander zu lernen.

Freiheit ist immer Freiheit der Andersdenkenden.

Rosa Luxemburg

vom Autor erschienen

(Auswahl)

- *Yeshuas Heilstrom*
  Books on Demand, Norderstedt, 2021

- *Der Vollwertweg*
  Books on Demand, Norderstedt, 2010/2017

- *Lebensreform heute*
  Books on Demand, Norderstedt, 2009

- *Roh macht froh!*
  Mauer Verlag, Rottenburg, 2007

- *gesund sein bis ins hohe Alter*
  Ulmer Verlag, Tuningen, 1999